LETTRE

ÉCRITE

DE LA CAMPAGNE.

Imp. d'Éd. Proux, rue Neuve-des-Bons-Enfans, n. 3.

LETTRE

ÉCRITE

DE LA CAMPAGNE

SUR LA PROTECTION ET LES ENCOURAGEMENS PÉCUNIAIRES
QUE LE GOUVERNEMENT ACCORDE A L'AGRICULTURE;

SUR LA NATURE DU GOUVERNEMENT PRÉTENDU REPRÉSENTATIF
INTRODUIT EN FRANCE,

ET SUR LA SITUATION DES PROPRIÉTAIRES FONCIERS,
DEPUIS L'INTRODUCTION DE CE GOUVERNEMENT;

Par le Mis de Chambray,

MARÉCHAL-DE-CAMP D'ARTILLERIE, MEMBRE CORRESPONDANT DE L'ACADÉMIE
ROYALE DES SCIENCES ET BELLES-LETTRES DE PRUSSE, ET DE LA
SOCIÉTÉ ROYALE ET CENTRALE D'AGRICULTURE DE FRANCE;
CONSEILLER MUNICIPAL DE LA COMMUNE DE GOUVILLE,
PROPRIÉTAIRE, CULTIVATEUR.

> Sa muse en arrivant ne met pas tout en feu.
> BOILEAU, *Art poétique.*

Paris.

PILLET AÎNÉ, RUE DES GRANDS-AUGUSTINS, 7;
Mme HUZARD, RUE DE L'ÉPERON, 7;
ANSELIN ET GAULTIER-LAGUIONIE, RUE ET PASSAGE DAUPHINE, 36.

1838.

LETTRE

ÉCRITE

DE LA CAMPAGNE.

————

Damville, département de l'Eure, 1er mai 1838.

On a beaucoup discuté sur la manière d'employer les fonds accordés comme encouragement à l'agriculture. Il n'y a pas long-temps que cette somme ne s'élevait encore qu'à 100,000 fr., dont un ministre déclarait ne pouvoir trouver l'emploi ; puis elle fut portée successivement à 500,000 fr., et l'embarras pour en trouver l'emploi devenant sans doute encore plus grand, les conseils généraux furent consultés à cet égard en 1837. Ils firent des réponses qui, par leur divergence, attestaient aussi quelque embarras ; mais, je ne crains pas de le dire, si on leur eût demandé l'emploi de 100,000,000, ils n'auraient point été embarrassés ; leur tort a été de ne pas replacer la question sur son véritable terrain.

Je dois d'ailleurs faire observer que, dans ces temps de discordes politiques, le gouvernement et les préfets, qui exercent une si grande influence sur les nominations des membres des conseils généraux, s'inquiètent beaucoup moins de la capacité des candidats que de leurs opinions politiques; et j'ajouterai que, jusqu'à ce jour, ces conseils, dont la session est de huit ou dix jours seulement, n'ont reçu de communications, relativement aux travaux dont ils auront à s'occuper, qu'au moment même où ils vont se réunir (1). Aussi leur est-il impossible de se prononcer, avec connaissance de cause, sur des questions graves; et il arrive, ou qu'ils le font d'une manière vague et peu satisfaisante, ou qu'ils adoptent de confiance l'opinion de l'un d'entre eux, ou qu'ils ajournent leur réponse à la session de l'année suivante, ou enfin qu'ils chargent une commission de faire ce travail et de l'adresser au ministre.

Tel était l'état des choses en 1837, lorsqu'on accorda 500,000 fr. à l'agriculture à titre d'encouragement, c'est-à-dire, environ 3,700 fr. par département; et le ministre demanda l'avis des conseils généraux, sur la manière la plus utile d'employer cette somme. Cette demande était de nature à les embarrasser; car leur opinion à cet égard était manifestée par des faits, puisqu'une partie des fonds départementaux est ordinairement consacrée à des dépenses utiles à l'agriculture, et qu'au

______

(1) Le conseil général du département d'Ille-et-Vilaine a demandé en 1837 que les communications précédassent de deux mois au moins l'ouverture des sessions.

nombre de ces dépenses se trouvent celles que l'on peut considérer plus particulièrement comme des encouragemens à l'agriculture.

L'usage que l'on devait faire de cette somme était donc évidemment, ou d'en augmenter les fonds qui avaient déjà la destination indiquée, ou de dégrever d'autant les contribuables. Mais on aurait dès lors ajouté un nouveau poids à cette ridicule assertion, que l'on ne savait comment employer les 500,000 fr. accordés à titre d'encouragement à l'agriculture. Ainsi il semblait que cette somme devait pour ainsi dire recevoir une destination nouvelle; que c'était pour chaque département ce qu'est l'argent du décompte pour le soldat, celui des menus plaisirs pour l'écolier. Les conseils généraux ont donc proposé, entre autres choses, de créer des *fermes modèles*, des comices agricoles et des chaires d'enseignement agricole; de subventionner des sociétés d'agriculture, de donner des bourses, d'accorder des primes aux éleveurs d'animaux utiles; et quelques-uns d'entre eux, d'acheter des étalons étrangers.

Quoique je ne me propose point d'examiner de quelle utilité peuvent être ces différens moyens d'encourager l'agriculture, parce que la protection et les encouragemens qu'elle réclame sont d'une tout autre nature, ainsi qu'on le verra plus loin, je dirai pourtant un mot des fermes modèles et des cours d'agriculture; car ce sont des moyens de faire prospérer l'agriculture, que les agronomes de cabinet affectionnent particulièrement.

Je conçois l'utilité en France de quatre ou cinq *instituts agricoles* qui seraient placés dans les divers climats de ce royaume et dans le voisinage de grandes villes, par exemple, de Paris, de Lyon, de Bordeaux et de Marseille ; Paris possède un institut agricole de ce genre, celui de Grignon, qui n'en est éloigné que de huit lieues. Ces sortes d'établissemens destinés à donner des exemples de toutes les cultures que l'agriculture peut pratiquer sous le climat où ils se trouvent situés, à entretenir et à propager les plus belles races d'animaux utiles, à répandre les bonnes méthodes par l'exemple et par l'enseignement, et à contribuer au perfectionnement de la science agricole, ne sauraient couvrir leurs dépenses par leurs recettes ; ils doivent donc être créés et entretenus aux frais du gouvernement. Ils n'exercent d'ailleurs d'influence que sur les propriétaires, ce qui est déjà fort important ; les simples fermiers n'examinent que les champs qui touchent aux leurs, ou qui se trouvent sur les chemins qui les conduisent aux marchés.

Les fermes modèles, proprement dites, sont des exploitations rurales destinées à donner des exemples aux cultivateurs des environs, exemples qui doivent avoir pour résultats d'enseigner à tirer de la terre un revenu plus élevé que celui qu'on en obtenait auparavant. Si elles sont bien dirigées, elles seront utiles dans les pays où l'agriculture est encore généralement dans l'enfance, tels par exemple que ceux où l'assolement triennal serait le seul en usage. Mais lorsqu'un grand nombre d'exploitations rurales sont dirigées avec une intelligence qu'éclaire l'intérêt personnel, et que, dans les diverses localités, l'on peut en offrir plusieurs pour modèles aux agriculteurs du voisinage dont les cultures se trouvent d'ailleurs dans les mêmes conditions que celles de ces exploitations ; ce sont là évidemment alors les seules fermes modèles véritablement utiles, ainsi que

M. le général Demarçay l'a fort bien dit à la tribune de
la chambre des députés. Si ces exploitations rurales ne
sont pas toujours imitées autant qu'elles devraient l'être,
c'est que l'argent, qui est aussi bien le nerf de l'agriculture que celui de la guerre, manque à beaucoup de ceux
qui auraient le désir de les imiter : créer des fermes
modèles dans de telles conjonctures, me paraîtrait, je
ne dirai pas inutile, mais nuisible.

Quant aux cours d'agriculture, il s'en trouverait dans
les instituts agricoles, où l'exemple peut se réunir au
précepte, et si l'on veut à Paris, puisque cette grande
ville est en possession d'enseigner toutes les sciences;
mais, dans ce dernier endroit, les cours devraient se faire
remarquer par plus de généralité. Partout ailleurs les
chaires d'enseignement agricole me sembleraient parfaitement inutiles; c'est par l'exemple seulement que peuvent se propager les bonnes méthodes de culture, et
c'est en agriculture surtout que l'enseignement mutuel
produit les plus heureux effets.

Quel est donc le genre de protection et d'encouragement que le gouvernement peut et doit accorder à l'a-
griculture? C'est principalement de maintenir les droits
d'entrée sur les productions de l'agriculture étrangère,
de manière à ce que celles de notre sol puissent soutenir
la concurrence; de rendre les emprunts plus faciles aux
agriculteurs, en modifiant la législation dans ce but; de
répartir tous les impôts également entre les diverses na-
tures d'industries et de propriétés, et l'on pourrait alors
diminuer ceux que supporte directement ou indirecte-
ment la propriété foncière : c'est, accessoirement, de
protéger certaines cultures, quand cela est reconnu
avantageux; de favoriser l'introduction d'animaux utiles

au lieu d'en faire spéculation ; et de fixer l'attention sur les exploitations agricoles les plus remarquables, en accordant des distinctions et des récompenses à ceux qui les dirigent.

Les pays qui environnent la France, n'ayant point mis d'impôts sur la propriété foncière, ou n'en ayant mis que de modiqués, en comparaison de ceux dont elle est grevée en France, ils peuvent donner presque toutes leurs productions à un prix moins élevé que les agriculteurs français ; de là naît la nécessité de frapper ces productions à leur entrée en France, de droits assez élevés pour protéger efficacement les producteurs français, et c'est ce qui n'a pas toujours été fait. Ainsi, par exemple, le gouvernement a acheté une partie de ses chevaux de remonte en Allemagne, où les chevaux sont inférieurs pour la guerre aux chevaux français ; et indépendamment du dommage qui en résulte pour les éleveurs, comment se procurerait-on des chevaux dans le cas d'une guerre sérieuse avec l'Allemagne ? car il ne s'en trouverait plus suffisamment en France. Non seulement on n'a point toujours protégé assez efficacement les producteurs français ; mais on a maintenu le fer, dont l'agriculture fait une si grande consommation, à un prix très-élevé, en mettant sur les fers étrangers un droit équivalent à une prohibition : il en est résulté que les maîtres de forges ont fait des fortunes énormes, aux dépens de l'agriculture française qui a subi ainsi un nouvel impôt, et qu'en représailles les étrangers ont repoussé nos vins et nos eaux-de-vie.

Le gouvernement a sans doute contribué à propager en France la race des moutons mérinos ; mais sa conduite a plutôt été celle d'un spéculateur qui entrait en concurrence avec les agriculteurs, que celle d'un gouvernement éclairé et généreux. S'il eût accordé des encouragemens aux agriculteurs qui s'occupaient de l'amélioration des moutons, au lieu d'établir à grands frais des bergeries royales, dont il vendait les productions à un prix très-élevé sans pouvoir couvrir ses dépenses, il aurait obtenu plus économiquement et beaucoup plus promptement le même résultat. Il ne paraît d'ailleurs point qu'il veuille changer de système : je citerai à ce sujet des faits qui me sont connus particulièrement.

Antérieurement à 1828, M. Brière, riche propriétaire du département de la Nièvre, fit venir successivement à ses frais des bêtes à cornes, de cette race à courtes cornes, formée par Bakwel; des moutons à longue laine, du Leiceister, connus sous le nom de Dishley, et des cochons anglais, afin de répandre ces espèces; et depuis il fit venir un fermier anglais avec le nombre de domestiques nécessaires pour l'exploitation d'une ferme selon les procédés anglais (1) : tout cela, dans le seul but d'être utile à son pays; car, comme on le pense bien, il n'y avait que de l'argent à y manger. Quoique, ainsi qu'on le voit, l'introduction en France des bêtes à cornes de la race de Bakwel soit déjà ancienne, et que plusieurs agriculteurs, entr'autres M. le vicomte de Bouillé, qui en a envoyé jusque dans la Camargue, s'en soient procuré, on en annonce l'introduction par l'ad-

(1) Je fus visiter cette ferme et ces bestiaux anglais en 1828 : on ne les recherchait pas dans le Nivernais, parce qu'ils ne sont point propres au travail, et que leurs cornes sont d'ailleurs mal disposées pour recevoir le joug. On trouvait plus d'avantage à acheter des bœufs de travail, que l'on revendait pour l'engrais quand ils n'étaient plus propres au service.

ministration, comme s'il n'en avait jamais paru de cette espèce en France. Et ce n'est point dans les gras pâturages de la Normandie qu'on les envoie, c'est à l'école vétérinaire d'Alfort, près du centre des lumières : *Ri-sum teneatis !* Que fallait-il faire pour propager en France les bêtes à cornes de Bakwel? *En favoriser l'importation et la reproduction par des primes, et en faire vendre au rabais dans les départemens où l'on juge utile d'introduire cette race* : c'est précisément tout le contraire de ce que l'on a fait.

Dans le même temps environ que M. Brière introduisait en France ces bestiaux anglais, M. P. Duverger allait lui-même choisir en Angleterre des moutons Dishley, du Leiceister, étudier les soins qu'il fallait leur donner, et il parvenait à naturaliser un magnifique troupeau de cette espèce, dans une propriété située à une portée de fusil du parc de Versailles. Je ne sache pas que le gouvernement ait accordé aucune espèce d'encouragement à ces deux propriétaires; au contraire, la concurrence de l'administration qui fit élever des moutons de cette même espèce, leur fut très-nuisible, et obligea M. Duverger à renoncer, malgré les avances considérables qu'il avait faites, à une entreprise qui lui promettait un brillant succès : *Sic vos non vobis......*

Terminons par citer un fait qui achèvera de mettre dans tout son jour la conduite qu'a tenue le gouvernement, relativement à la propagation des animaux utiles à l'agriculture. En 1837, M. Malingié-Houel ayant appris que la race des moutons Dishley, du Leiceister, avait encore été perfectionnée depuis la mort de Bakwel, c'est-à-dire, que l'on avait obtenu des moutons de formes aussi belles, et qui étaient aussi aptes à prendre l'engrais de bonne heure, mais dont la laine était plus abondante, plus belle et plus fine que celle des Dishley qui est médiocre; M. Malingié, dis-je, voulant introduire en France cette espèce perfectionnée, et contribuer à affranchir son pays des acquisitions considérables qu'il fait annuellement en belles laines anglaises, se rendit en Angleterre, y visita un grand nombre de troupeaux, et se convainquit que la race dite de *New-Kent* présentait ce genre de supériorité sur la race Dishley. Il acheta donc deux béliers, choisis sur cinquante et un destinés à la monte, et soixante brebis d'un an : tout ce qu'il avait pu trouver de mieux, sans avoir égard au prix; et il conduisit lui-même ce troupeau à sa terre de la Charmoise, près de Pontlevoi, département de Loir-et-Cher. A Calais il demanda l'entrée en franchise ; elle lui fut refusée, et l'on ajouta *qu'il y avait des moutons anglais à Alfort, où l'on pouvait s'en procurer*. Une réclamation qu'il adressa au ministre de l'intérieur fut également repoussée, et il ne fut pas plus heureux près du ministre des finances auquel on le renvoya : je reproduirai textuellement ce que M. Malingié m'a mandé à ce sujet.

« Je m'empresse, m'écrit-il, de vous certifier que » j'ai été forcé de payer les droits dont j'avais consigné » la valeur à Calais. On n'a eu aucun égard à ma récla- » mation ; on n'a pas fait plus d'attention aux sollicita- » tions de la société d'agriculture de mon département, » qui avait cru devoir intervenir auprès du ministre ; on » a toujours répondu que le gouvernement n'avait même » pas accordé d'exemption de droit aux importations » d'Alfort, et que, par conséquent, des particuliers ne

» devaient pas espérer plus de faveur. Je n'ai pas besoin
» de vous faire observer que le paiement des droits par
» Alfort est dérisoire, puisque le gouvernement et Alfort
» sont une seule et même chose. Mais ce qu'il y a de
» plus curieux, c'est que le ministre ajoutait : *Qu'il y*
» *avait des moutons anglais à l'école d'Alfort, et qu'on pou-*
» *vait s'y en procurer.* J'ai répondu que les races des mou-
».tons étaient tout aussi nombreuses en Angleterre
» qu'elles le sont en France ; que la race importée à
» Alfort était celle de Dishley ou New-Leiceister, et que
» celle importée par nous était celle de New-Kent, tout-
» à-fait distincte ; qu'égale en beauté de formes et en
» aptitude à prendre l'engrais de bonne heure, elle l'em-
» portait beaucoup par la finesse et la beauté de la laine,
» dont on importait en France pour des sommes énor-
» mes chaque année. A ces faits si précisément énoncés,
» on a fait avec une imperturbable assurance la même
» réponse de point en point. Dès lors, Monsieur, je n'ai
» plus fait aucune démarche, et j'ai su quelle valeur
» donner aux protestations du gouvernement en faveur
» de l'agriculture. »

De deux choses l'une : le gouvernement trouve qu'il
est inutile d'introduire en France de belles races de
moutons anglais, ou il le trouve utile, et nous devons
croire qu'il le trouve utile, puisqu'il s'est fait marchand
de moutons anglais ; c'est le seul moyen qu'il ait cru
devoir employer pour favoriser la propagation de ces
animaux en France. Qu'aurait-il dû faire, selon moi ?
En favoriser l'importation et la reproduction par des primes,
et en faire vendre au rabais dans les départemens où l'on
juge utile d'en introduire : précisément tout le contraire
de ce qu'il a fait.

Il existe probablement beaucoup d'autres faits analogues à ceux que je viens de rapporter, mais ils ne
sont pas venus à ma connaissance.

Le principal moyen de faire prospérer l'agriculture,
c'est de diminuer les impôts qui pèsent sur la propriété
foncière, et de procurer aux agriculteurs la facilité
d'emprunter à un taux modéré, car les exploitations
rurales sont l'une des industries qui exigent les avances
les plus considérables. Aussitôt qu'un agriculteur manque d'argent pour se procurer les bestiaux, ou pour
exécuter les travaux que réclame son exploitation, ses
récoltes décroissent; et si cet état de gêne se prolonge,
les recettes ne peuvent bientôt plus couvrir les dépenses,
et le fisc n'en prélève pas moins impitoyablement ses
droits. Il n'existe malheureusement encore qu'un trop
grand nombre d'exemples d'exploitations rurales con-
tiguës, dont les terres sont de la même qualité, et dont
les unes se couvrent des plus belles récoltes, tandis que
les autres n'en présentent que de misérables : c'est que
les premières sont dirigées par des agriculteurs qui
peuvent faire les avances nécessaires, tandis que ceux
qui dirigent les secondes manquent de capitaux. Cette
difficulté qu'éprouvent les fermiers et les petits propriétaires fonciers à trouver de l'argent, existait, au plus
haut point en Ecosse, avant la création de ces banques
écossaises (1), que l'on devrait bien introduire en

(1) On trouvera tous les renseignemens que l'on peut désirer
sur ce genre d'établissement, dans les numéros du *Moniteur de
la Propriété*, d'octobre et novembre 1836, et d'avril 1837. Le
Moniteur de la Propriété et de l'Agriculture est un journal men-
suel qui coûte 8 fr. par an, et dont les bureaux sont situés quai
Voltaire, n° 13.

France ; mais il faudrait auparavant apporter des modifications au système hypothécaire.

On remarquera aussi que les divers genres d'industries et l'industrie agricole, diffèrent essentiellement, en ce que dans les premières on peut presque toujours diminuer ou suspendre les travaux, sans autre inconvénient que de manquer à gagner, tandis que dans la dernière les conséquences ne se réduiraient pas à une perte momentanée : il faut en effet des dépenses si considérables pour remettre en bon état une exploitation rurale qui a été négligée, qu'elles peuvent quelquefois dépasser la moitié de la valeur de cette propriété, et qu'un nombre d'années plus ou moins grand est toujours nécessaire pour atteindre ce résultat. Ajoutons que les cultivateurs et les petits propriétaires peuvent difficilement se procurer de l'argent, ou qu'ils n'y parviennent qu'en payant un intérêt usuraire ; si les grands propriétaires s'en procurent plus facilement, c'est pourtant toujours à un intérêt beaucoup plus élevé que le revenu qu'ils tirent de l'exploitation de leurs terres.

Sous la Restauration l'impôt foncier fut légèrement dégrevé; mais, depuis la révolution de juillet, il a été augmenté ; récemment encore une loi, qui a d'ailleurs pour but l'exécution de travaux on ne peut plus utiles à l'agriculture, la loi relative à la construction et à la réparation des chemins vicinaux, est venue l'augmenter encore. Eh quoi ! les grandes routes qui servent principalement au commerce sont établies et entretenues avec les fonds du budget de l'État (1), et ces mêmes fonds ne paieraient

(1) Il ne serait juste de mettre l'entretien des routes départementales et des chemins vicinaux, à la charge de ceux qui s'en

pas une partie de la réparation des routes départementales et des chemins vicinaux ! on trouverait à employer
ainsi plus que les 100,000 fr. que M. Thiers déclarait,
le cinq mai 1834, ne savoir comment employer pour
encourager l'agriculture.

Depuis, un député (1), vieux soldat comme moi,
proposa de consacrer 100 millions pour commencer la
réparation des chemins vicinaux, mais cette proposition fut reçue avec une désapprobation inexprimable (2).
On ne saurait pourtant employer des fonds de l'État
plus utilement, et il serait facile de prouver qu'on en
aurait tiré un intérêt satisfaisant, par l'accroissement
dans le produit de certains impôts.

Les chemins vicinaux sont non seulement construits
et réparés entièrement aux frais des communes où ils
se trouvent situés ; mais, dans certaines localités, l'enlèvement des matériaux nécessaires à la construction ou
à l'entretien des grandes routes, met les communes,
où on les prend, dans l'impossibilité de réparer leurs
chemins vicinaux. J'en parle avec connaissance de cause,
puisque l'inconvénient que je signale, je l'ai éprouvé
de la manière la plus fâcheuse, dans une propriété que

servent, qu'autant qu'il en serait de même pour l'entretien des
grandes routes, ainsi que cela a lieu en Angleterre et en Prusse.

(1) M. Gauguier.

(2) Il suffit, pour se rendre compte des motifs de cette désapprobation, de donner la statistique de la chambre des députés à
laquelle on s'adressait : elle se composait de cent quatre-vingt-sept
fonctionnaires publics, quatre-vingts anciens fonctionnaires tant
civils que militaires, cinquante-trois avocats, quinze banquiers,
cinquante-sept négocians, quinze maîtres de forges, dix-huit membres de l'Institut, quatorze hommes de lettres, cinq propriétaires,
quatre agriculteurs, cinq notaires, trois médecins, un avoué.

je possède près de la grande route de Paris à Lyon, à trois lieues de Nevers, propriété où je demeurais alors.

Quoique mon habitation ne se trouvât située qu'à une lieue de la grande route, le chemin qui y conduisait était impraticable pendant quatre mois de l'année, et la réparation de ce chemin, qui aurait pu s'exécuter à peu de frais, parce que les champs du voisinage étaient remplis de cailloux siliceux, deviendra très-coûteuse actuellement, puisqu'il faudra les aller chercher fort loin. La loi prescrit, il est vrai, à l'entrepreneur, de n'enlever les matériaux qu'après avoir réglé préalablement, à dire d'experts, l'indemnité due au propriétaire (1) ; mais ce sont les tribunaux administratifs et non les tribunaux ordinaires qui connaissent des discussions qui pourraient s'élever à ce sujet, et de fait la loi n'est point exécutée; voici ce qui se passait :

L'entrepreneur enlevait dans les terres labourables des cailloux siliceux, quand bon lui semblait, et ne donnait aucune indemnité. Les terres où il prenait ces cailloux sont argilo-calcaires, de celles que l'on appelle terres froides, et la présence de ces cailloux était très-utile; aussi ne saurait-on s'imaginer le dommage qu'il causait en les enlevant. Je fus le premier à exiger que l'entrepreneur exécutât la loi, ce qu'un petit propriétaire n'aurait pu faire ; il m'offrit 0 fr. 05 c. par mètre cube, prix auquel l'ingénieur avait porté cette quantité de cailloux sur son devis ; c'est-à-dire soixante fois moins qu'il ne m'en aurait coûté pour aller chercher la même quantité de cailloux, après l'enlèvement des miens, lorsque les travaux de la culture me permettraient de

(1) Loi du 28 pluviôse, an VIII.

m'occuper de la réparation des chemins. Je me convainquis d'ailleurs que je n'obtiendrais jamais plus qu'il ne m'offrait, à moins que le conseil d'Etat, dernier degré de juridiction, n'en ordonnât autrement; mais qui peut supporter les frais d'un appel au conseil d'Etat parmi les propriétaires? pas un sur mille: ainsi, déni de justice. Toutefois ayant pris la résolution de parcourir tous les degrés de juridiction, et étant parvenu à le persuader à l'entrepreneur, il cessa momentanément de prendre des cailloux dans mes champs, où il ne s'en trouvait d'ailleurs presque plus.

Ce n'est pas tout : une ordonnance, exécutée rigoureusement dans le département de la Nièvre, prescrit l'usage des roues à la Marlborough, sur les grandes routes, à toutes les voitures attelées de plus d'un cheval ou de deux bœufs; et comme il était absolument impossible de se servir de telles roues dans de si mauvais chemins; il en résultait qu'après avoir attelé quatre chevaux ou huit bœufs, sur une voiture, pour gagner la grande route, on était contraint, sous peine d'amende, de ne plus conserver qu'un cheval ou que deux bœufs quand on l'avait atteinte; les agriculteurs étaient donc exposés à ruiner ou à perdre leurs meilleurs animaux en conduisant des denrées à la ville. A ces vexations inouies et incroyablement absurdes, on reconnaît l'action des bureaux de Paris; il est tout simple en effet qu'on y soit convaincu que tous les chemins vicinaux de France se trouvent dans le même état que ceux de la banlieue de Paris : pourrait-on être plus mal traité par l'ennemi, s'il avait envahi notre territoire ?

Si les avantages qu'on procurerait à l'agriculture, et par conséquent à la France, en aidant les agriculteurs dans les dépenses qu'ils font pour réparer leurs chemins vicinaux, sont évidens; quelle est au contraire l'utilité de tant de travaux exécutés à Paris uniquement dans l'intérêt des industriels de cette capitale? par exemple, de ce palais du quai d'Orsay qui a coûté treize millions et dont on ne sait que faire ? Après la révolution de juillet 1830, on prêta sans intérêt (1) trente millions au commerce, particulièrement à celui de la ville de Paris; quand on voudra prêter de la sorte aux agriculteurs qui sont tombés dans la misère par suite d'incendies, de grêles, d'inondations, où de l'intempérie des saisons, on trouvera à placer une somme beaucoup plus forte encore.

En 1837, on donna 9,688,944 fr. de primes au commerce, 4,074,571 fr. d'encouragement aux pêches maritimes, 1,300,000 fr. aux quatre théâtres royaux de la capitale, et 500,000 fr. seulement, comme encouragement, à l'agriculture. Actuellement le gouvernement adopte avec ardeur un nouveau système de communications, celui des chemins de fer, et il veut y consacrer des sommes considérables. Je forme des vœux bien sincères pour que les résultats de cette grande entreprise soient favorables à la prospérité de la France; mais, j'ose le dire, cela ne me paraît point probable : en Angleterre, pays essentiellement commerçant, oui; en France, pays infiniment plus agricole que commerçant, non. Il m'aurait semblé plus sage et plus utile de

(1) On pourrait presque dire que l'on donna ces 30 millions, car une partie des objets que les emprunteurs donnèrent en nantissement, par exemple des fonds de librairie, avaient une valeur bien faible et difficilement réalisable.

consacrer les fonds destinés à favoriser la construction des chemins de fer, à réparer et à construire des chemins vicinaux et à terminer les canaux commencés.

Si l'on jette un coup d'œil sur la répartition de l'impôt, on trouve que l'impôt foncier et l'impôt de l'enregistrement et des hypothèques s'élèvent à la somme de 578,166,461 fr. ; et si l'on en déduit 32,587,000 fr. que produisent les patentes, il reste 545,579,461 fr., qui sont presque entièrement à la charge de la propriété foncière, laquelle paie l'impôt même pour des propriétés grevées, ainsi qu'on le sait, de plus de deux milliards de dettes : les propriétaires fonciers paient en outre leur quote-part des impôts indirects ; ils sont donc les plus mal partagés dans la répartition de l'impôt. Les droits de mutation et ceux que l'on paie aux officiers ministériels pour acquisition et transmission par héritage de propriétés foncières, sont si élevés, qu'il est exact de dire qu'à chaque mutation les familles perdent une partie de leur patrimoine. Quels sont au contraire les droits que paient les officiers ministériels pour vente de leurs emplois ? Des droits presque insignifians en comparaison de ceux dont je viens de parler, puisque ces officiers ne paient que dix pour cent du montant de leurs cautionnemens, et deux pour cent seulement quand il y a transmission par succession (1) ; ainsi un notariat vendu à Vaugirard 330,000 fr., n'a payé que 180 fr. de droits de mutation.

Sous la Restauration on s'occupa peu en apparence de l'agriculture ; cependant, ainsi que je l'ai dit, on diminua légèrement l'impôt foncier, service le plus

(1) Loi d'avril 1832.

grand que l'on puisse lui rendre ; aussi, par suite de cette circonstance et de la prospérité commerciale de cette époque, reçut-elle une impulsion dont les heureux effets se font toujours sentir. Depuis la révolution de 1830, le gouvernement saisit toutes les occasions de s'exprimer sur l'agriculture et sur les agriculteurs dans les termes les plus flatteurs ; il a créé des chaires d'agriculture ; il pense, chose curieuse ! à faire enseigner l'agriculture aux petits enfans dans les écoles primaires, et l'un des ministres a ajouté à la désignation de son ministère ces mots : *de l'agriculture.* Mais l'on a augmenté les impôts directs et quelques-uns des impôts indirects, qui pèsent sur les propriétaires fonciers : y a-t-il compensation ? malgré les goûts vaniteux de l'époque, je ne le pense pas.

Le gouvernement est d'ailleurs conséquent dans sa conduite, puisque le *système foncier,* si l'on peut s'exprimer ainsi, est sacrifié au *système mercantile,* et que les propriétaires du sol n'occupent plus le premier rang dans la société. Ce grand changement ne date point de 1789, ainsi que quelques personnes voudraient l'accréditer ; mais seulement de 1815, époque à laquelle Louis XVIII introduisit en France le gouvernement qui y subsiste encore aujourd'hui ; gouvernement que l'on parut alors avoir désigné sérieusement sous le nom de *gouvernement représentatif,* et auquel quelques personnes donnent encore ce nom aujourd'hui, quoiqu'il soit bien reconnu actuellement qu'il ne lui convient sous aucun rapport.

Au nombre des bienfaits que réclame l'agriculture de la sollicitude du gouvernement, il faut placer des dispositions pour arrêter la progression toujours croissante du morcellement de la propriété foncière, la création d'un code rural, la réforme du code de procédure et du système hypothécaire, enfin la destruction ou la régularisation du trafic des offices ministériels.

Des dispositions pour arrêter la progression croissante du morcellement de la propriété ! Mais ce morcellement est la principale cause de l'accroissement des recettes, résultant des droits d'enregistrement, d'hypothèques et de la vente du papier timbré.

La création d'un code rural et la réforme du code de procédure ! Mais si l'on n'a pu en venir à bout pendant vingt-trois années de paix, ne doit-on pas désespérer de l'obtenir jamais ? Les mêmes observations s'appliquent à la réforme du *code pénal militaire*, que réclament également la discipline et les intérêts de l'armée.

Il sera tout à la fois utile et intéressant d'examiner quelles sont les causes de ces retards, je dirais presque de cette impuissance. Comment pourrait-on sans cela expliquer l'apparition de ce torrent d'écrits, de discours insignifians et de lois incohérentes, dont nous sommes inondés ?

Et d'abord, je me vois contraint de faire connaître la nature de ce gouvernement d'une espèce essentiellement nouvelle, que Louis XVIII octroya à la France, et qui y subsiste encore ; car la révolution qui s'enta sur l'insurrection de 1830, ne changea rien à la nature de ce gouvernement ; les modifications qu'elle lui fit subir en aggravèrent seulement les inconvéniens : on verra que de cette connaissance, découle la solution de la question dont je m'occupe.

Tout ce qui a été publié d'erreurs et d'absurdités, aux tribunes politiques et dans divers écrits pendant les premières années de la Restauration, en comparant ce gouvernement au gouvernement anglais, est incroyable : ces deux gouvernemens n'avaient de semblable que l'écorce, si l'on peut s'exprimer ainsi.

L'Angleterre, depuis sa révolution de 1669 (1) jusqu'à sa réforme de 1832, qui est le commencement d'une nouvelle révolution, a été un état aristocratique; puisque la chambre des pairs nommait de fait la chambre des communes, dont les onze douzièmes étaient des nobles, la plupart fils ou parens des pairs, et que la souveraineté était exercée par ces deux chambres. Donner le nom de gouvernement représentatif au gouvernement anglais de cette époque, est un énorme contre-sens.

L'ordre politique établi en France, depuis la Restauration, semble être le fruit de l'accouplement du despotisme et de la démocratie; il n'existe point dans notre langue de dénomination qui lui convienne. Donner le nom de gouvernement représentatif au gouvernement résultant de cet ordre politique est, tout à la fois, une dérision et un contre-sens.

Je me contenterai de consacrer quelques lignes à faire connaître ce gouvernement tel qu'il est actuellement. Il se compose d'un roi et de deux chambres, dont l'accord est nécessaire à la confection des lois, et

(1) La révolution qui renversa les Stuarts du trône, commença en 1669, soit que l'on prenne pour cette époque la fuite du roi ou la déclaration de la chambre des communes. Mais la fuite de Jacques II, en se servant du calendrier ancien, qui retarde de dix jours sur le calendrier Grégorien, et qui était encore alors en usage en Angleterre, eut lieu le 22 décembre 1668, qui correspond au 1er janvier 1669 du calendrier Grégorien : de là vient l'erreur des historiens, qui appellent *révolution de* 1668, une révolution qui devrait porter le nom de 1669.

qui ont également l'initiative pour leur proposition ;
le roi est investi du pouvoir exécutif et a pour agent
d'exécution un ministère, qui sert aussi d'intermé-
diaire entre les trois pouvoirs politiques dont je viens
de parler.

La chambre des pairs est composée de membres ina-
movibles, nommés par le roi ; ils sont presque tous,
ainsi qu'on le pense bien, fonctionnaires publics en
activité ou en retraite.

Les députés doivent payer au moins 500 fr. d'impôts
directs ou de patentes ; ils sont nommés directement
par tous les Français payant 200 fr. d'impôts, de la
même nature, à raison d'un député par arrondissement.
Ils ne sont pas rétribués ; et pourtant un député qui
n'aurait d'autres moyens d'existence qu'une propriété
foncière payant 500 fr. d'impôts, en supposant même
que sa propriété ne fût point grevée d'hypothèques, qu'il
fût célibataire et qu'il n'eût point de maison montée
en province, ne pourrait exister à Paris qu'en mettant
dans sa dépense une économie extraordinaire. On voit
pourtant des personnes qui n'ont aucun moyen d'exister, ni à Paris ni ailleurs, sans se livrer à une occupa-
tion fructueuse, et qui postulent ardemment le poste
de député. Ces connaissances sommaires suffisent pour
l'intelligence des réflexions qui vont suivre.

La pondération de trois pouvoirs politiques est une
grossière absurdité qui a pourtant été prônée ; il n'y a
point de gouvernement possible sans unité. En Angleterre, avant 1832, la chambre des communes n'était
qu'une émanation de la chambre des pairs ; les deux
chambres, dans l'action politique, ne formaient qu'une
seule et même chambre ; le roi, abstraction faite de

son mérite personnel, et considéré uniquement dans l'exercice de ses fonctions, n'était en quelque sorte qu'un mannequin, ainsi qu'on le voit encore aujourd'hui. L'Angleterre marche actuellement vers une prétendue pondération des pouvoirs, c'est à dire, vers une révolution.

En France, les deux chambres sont indépendantes l'une de l'autre, et le roi, par la nature de la constitution, doit tenir les rênes du gouvernement; mais pour que le gouvernement puisse fonctionner, il faut que le ministère dispose de la majorité dans les chambres. Cette majorité lui est toujours acquise dans la chambre des pairs; mais il faut qu'il la gagne et qu'il la conserve dans la chambre des députés; et pour y parvenir il distribue aux députés qui suivent sa bannière, des faveurs de toute espèce, telles que emplois, grades, décorations, etc., pour eux, pour les leurs, pour les meneurs de leur clientelle électorale et pour les arrondissemens qui les ont nommés (1). Si les députés sont des industriels, il faut qu'il favorise leur industrie soit en leur accordant des fournitures, soit de toute autre manière, ce qui peut avoir les conséquences les plus funestes pour le pays. Je ne parle que de ce qui se passe à la face du soleil; car, si l'on en croit les révélations de la presse, l'on aurait parfois acheté clandestinement des votes à prix d'argent. Plût à Dieu que les députés eussent des émolumens, ou que l'on pût leur donner des sinécures, ou enfin qu'il fût d'usage de rétribuer osten-

---

(1) Croirait-on que l'on en est venu à ce point que le *Moniteur*, en relatant des faveurs de ce genre accordées aux arrondissemens, ajoute : *A la demande de tel député!*

siblement les députés ministériels ! Les mœurs et la chose publique y gagneraient encore. —

N'a-t-on pas vu des ministres, et quelquefois même en bravant les obstacles que leur opposaient les lois, sacrifier les droits acquis, la capacité, le mérite, la vertu, pour conserver la majorité et par conséquent le pouvoir? C'est particulièrement pendant les élections que l'emploi de ces moyens, inhérens à la nature de notre prétendu gouvernement représentatif, acquiert une extension, une gravité et un caractère propres à navrer de douleur le cœur de l'homme de bien. Pendant ce temps de saturnales politiques, le ministère emploie, pour faire triompher ses candidats, des moyens analogues à ceux qui lui ont servi pour acquérir et conserver la majorité dans la chambre des députés.

En définitive, cet ordre politique, si immoral et si cher (1), présente-t-il des chances de stabilité et d'ordre? Je ne le pense pas; il me paraît essentiellement transitoire, puisqu'il repose sur des élections dont les résultats sont si incertains.

Quelle fixité, en effet, le corps électoral peut-il présenter dans ses votes, dans ce pays où la propriété est fort divisée et éprouve journellement des mutations; où la société a été déclassée, par suite d'une longue révolution; où de funestes exemples ont porté de rudes atteintes au sentiment religieux et aux notions

____

(1) On avait promis un gouvernement à bon marché par suite de la révolution de 1830, et les impôts, au sein de la paix, ont reçu des accroissemens successifs; néanmoins depuis cette époque, le gouvernement a reçu, des contribuables, le nom de *gouvernement à bon marché*, par dérision : on plaisante; cela serait d'un bon augure si nous étions au temps de Mazarin.

du juste et de l'injuste ; où l'aspect de tant de fortunes extraordinaires et imprévues, a rempli d'une ambition démesurée les cœurs où cette passion peut pénétrer ; où la vanité et l'envie sont devenues les passions dominantes ; où le vice et la bassesse se concilieraient souvent plus de suffrages, que la vertu réunie au savoir ; où les nombreux changemens survenus dans l'ordre politique ont presque éteint le patriotisme, et rendu les populations égoïstes et en quelque sorte indifférentes sur les opinions de leurs gouvernans ?

La France peut être comparée à un homme atteint d'abord d'une maladie aiguë, qui a fini par passer à l'état chronique ; ou mieux encore au Vésuve, dont l'aspect ordinaire est celui de tant d'autres montagnes, mais dans le sein duquel on entend par fois de sourds mugissemens et qui de loin en loin éclate en éruptions terribles.

Mais ce qui est véritablement curieux, c'est que *de fait* personne n'est responsable dans cette sorte de gouvernement : le roi n'est point responsable parce qu'on prétend qu'il est dans la même situation que le roi d'Angleterre, quoique cette opinion soit, ainsi que je l'ai fait voir, étonnamment absurde ; la constitution ne soumet les députés à aucune responsabilité, et il est bien prouvé actuellement que celle des ministres est illusoire ; quelles craintes peuvent d'ailleurs leur inspirer des chambres dans lesquelles ils disposent de la majorité, et qui s'associent par leur vote à tous leurs actes ? Il y a plus, ministres et députés sont à peine sujets à une responsabilité morale ; car, sur une scène politique aussi mobile, ils disparaissent promptement, remplacés par d'autres personnages ; et, au milieu de l'attention provoquée par de nouveaux acteurs et de nouveaux événemens, ils sont bientôt oubliés. Aussi lorsque les ministres ont une majorité bien dévouée dans les chambres, ils peuvent, en opposition avec le vœu de la nation et au mépris des intérêts du pays, altérer la constitution, accabler le peuple d'impôts; se faire déléguer légalement, à eux et à leurs sous-ordres, des pouvoirs arbitraires; et même enfreindre audacieusement les lois, certains d'obtenir un bill d'indemnité.

Après avoir décrit, à grands traits, le gouvernement prétendu représentatif imposé à la France en 1815, il me sera facile de faire remarquer quels ont été les effets produits par l'adoption de ce genre de gouvernement.

Trois classes de citoyens avaient jusqu'en 1815 occupé le premier rang en France, dans la hiérarchie sociale, et exercé la principale influence sur les affaires de l'État : les militaires, les magistrats et les propriétaires fonciers. Le nouvel ordre politique, introduit par Louis XVIII et modifié par la chambre des députés de 1830, a transporté ce rang et cette influence aux financiers, aux industriels (1) et aux commerçans; c'est

---

(1) Parmi les industriels il faut évidemment placer les officiers ministériels, puisqu'ils trafiquent de leurs offices; ce sont même ces industriels qui exercent la principale influence sur les élections. L'esprit des officiers ministériels, quand ils trafiquent de leurs offices, est celui des industriels; l'esprit de ces officiers, quand ils transmettent leurs charges par voie d'hérédité, est celui des propriétaires fonciers. On ne s'aperçut point en 1816, lorsqu'on laissa, par tolérance, s'introduire le trafic des offices ministériels, et que le pouvoir politique aliéna un droit qui de sa nature est inaliénable, que c'était un événement politique fort

une suite nécessaire de ce que le cens exigé pour être électeur est le même, pour les villes que pour les campagnes (1), et de ce qu'un petit nombre seulement de citoyens français est appelé à nommer les députés.

Si le peuple, qui n'est point propre à faire lui-même ses affaires, mais qui est très-propre à nommer ceux qui doivent les faire, n'était pas exclus des élections, il en serait autrement. Le peuple ne peut d'ailleurs exercer avec succès de telles fonctions, qu'en portant ses suffrages sur des hommes qu'il connaît et qu'il peut apprécier; il ne doit donc, dans un grand État, participer à l'élection que s'il y a plusieurs degrés d'élection : ainsi il serait très propre à élire les électeurs qui éliraient les députés.

Ordinairement des associations d'intrigans qui ne connaissent aucun frein, qui peuvent plonger la patrie dans un abîme de maux, se disputent le pouvoir; et si l'une de ces coteries s'en empare, elle se forme aussitôt une clientelle par la distribution des emplois, des grades, des gratifications, des décorations, etc., etc., et parfois

important. On voulait favoriser la transmission des charges dans les mêmes familles, parce que l'hérédité des charges présente, sous plusieurs rapports, de grands avantages, et l'on établit le trafic qui est un fléau, particulièrement pour les propriétaires fonciers.

Chose étrange ! en Angleterre, pays essentiellement commerçant, les propriétaires fonciers non seulement ont été placés jusqu'à ce jour au premier degré de l'échelle sociale, mais ils tiennent les rênes du gouvernement. En France, pays essentiellement agricole, c'est tout le contraire : est-ce là l'état normal de la France ? je ne le pense pas.

(1) En Belgique, le cens électoral est gradué entre quarante francs pour les villages, et cent soixante francs pour les villes.

même de places d'académicien (1) ; et le principal titre pour être préféré est, comme on le pense bien, le dévouement au ministère qui forme la tête de la coterie. Le spectacle le plus curieux et le plus instructif que nous ait présenté l'action de ces coteries, est celui qu'elles étalent actuellement sous nos yeux. Après avoir excité les tempêtes populaires pour s'emparer du pouvoir, elles cherchent pour le conserver à effrayer les hommes paisibles, par la menace de voir renaître de semblables tempêtes : elles donneraient volontiers le nom de *révolutionnaires* à des hommes dont la vie entière atteste le patriotisme, mais qu'humilie leur domination.

Quant aux ministres, trouve-t-on nécessaire qu'ils aient des connaissances spéciales en ce qui concerne les fonctions qui leur sont confiées ? Non, sans doute ; il suffit qu'ils aient du parlage pour paraître à la tribune ; leur besogne se fait par les bureaux, sans qu'ils aient à s'en occuper. Que si pourtant le roi parvient à composer un ministère d'hommes capables, étrangers aux intrigues qui sont de l'essence de ce gouvernement, ce ministère sera contraint de suivre à peu près la même voie qu'un ministère de coterie, s'il ne veut être renversé aussitôt que nommé.

Par suite de cet état de choses, l'argent et la fortune sont préférés à tout, quelle qu'en soit la source, *virtus post nummos ;* et les honneurs sont plus prisés que l'hon-

(1) Le nombre des emplois dont dispose le ministère anglais, ne s'élève peut-être pas à la dixième partie de ceux qui sont à la disposition du ministère français, parce que en Angleterre une partie des fonctionnaires publics ne sont pas nommés par les ministres ; il y a d'ailleurs un grand nombre de ces fonctions qui sont exercées gratuitement.

neur (1). Néanmoins, on en est réduit à déplorer l'instabilité des ministres et des coteries qui s'emparent successivement du pouvoir; car de nouvelles fortunes et de nouvelles éducations administratives ne peuvent se faire sans que les administrés en souffrent.

Dans ce genre de gouvernement, que l'on pourrait appeler le gouvernement des coteries, le droit de recommander aux ministres les hommes qui servent l'État, dans toutes les carrières des services publics, est dévolu aux députés et aux pairs; la capacité et les connaissances spéciales nécessaires pour remplir des fonctions publiques, pour être chargé d'un travail, ou pour être consulté sur les intérêts du pays, ne sont le plus souvent que des circonstances accessoires. Ainsi la recommandation d'un député, détaché depuis peu de son manoir, de son bureau ou de sa fabrique, pour remplir les fonctions de législateur, est ordinairement plus puissante pour procurer de l'avancement à un officier, que celle d'un général qui aura pu apprécier sa valeur sur les champs-de-bataille, son zèle et sa bonne conduite dans les garnisons.

S'agit-il de préparer un code rural? on en chargera une commission, composée de députés, présidée par un pair. Mais les députés, nommés par des partis politiques qui s'inquiètent peu s'ils ont des connaissances en économie rurale, doivent tout leur temps aux travaux législatifs, s'ils veulent remplir consciencieusement leurs

______

(1) Le principe de la monarchie se corrompt lorsque l'honneur a été mis en contradiction avec les honneurs, et que l'on peut être à la fois couvert d'infamie et de dignités.

(MONTESQUIEU, liv. VIII, ch. VII.)

fonctions de député ; et d'ailleurs, n'existe-t-il point en France, en dehors des chambres, des hommes plus capables qu'eux ? Ainsi, de deux choses l'une : ou ce travail préparatoire ne sera jamais terminé, ou il ne le sera que par des hommes spéciaux que s'adjoindront les membres de la commission.

Ce qu'il faudrait faire ! Tout le monde le dira, parce que cela est de gros bon sens : il faudrait charger de ce travail une commission mixte composée d'agronomes distingués, de jurisconsultes, de magistrats (1) et d'administrateurs choisis dans la France entière, et non pas exclusivement parmi les habitués des ministères, ou sur le pavé de Paris. Les membres de cette commission devraient être rétribués ; ne devraient être chargés d'aucun autre travail, et la commission devrait ouvrir une correspondance active avec les *provinciaux* capables de l'éclairer ; car la difficulté d'un tel travail est moins de savoir tout ce qu'il faut mettre dans le code rural, que tout ce qu'il faut éviter d'y mettre, pour en laisser la décision aux conseils généraux, aux chambres *consultatives d'agriculture*, ou aux usages locaux.

Je viens de citer des chambres consultatives d'agriculture quoiqu'il n'en existe point en France ; mais c'est une institution que réclame impérieusement la situation présente des agriculteurs et de l'agriculture, et qu'il faudrait établir à l'instar des chambres de commerce et

(1) Ces magistrats devraient être choisis de préférence parmi ceux qui ont le plus habituellement à juger des contestations rurales : ainsi, par exemple, l'un d'eux au moins devrait être un juge de paix.

des chambres consultatives des arts et manufactures. Il le faut, parce que des trois grands intérêts matériels de la société, *Agriculture, Commerce et industrie, Arts et manufactures*, le premier seul n'a point de mandataires chargés de sa défense; et pourtant c'est celui qui en a le plus grand besoin, à cause de l'état d'isolement dans lequel se trouvent les agriculteurs, et parce qu'ils sont tombés aux derniers degrés de l'échelle sociale.

Quoi, dira-t-on, n'existe-t-il point un conseil général de l'agriculture, comme il existe des conseils généraux du commerce et des manufactures? Oui, sans doute; mais les membres du conseil général de l'agriculture ont été nommés par le ministre, et il n'existe point de conseils analogues qui lui soient inférieurs; tandis que les deux autres conseils en ont d'autres, au-dessous d'eux, desquels ils émanent. On donne communément à ces conseils le nom de *conseils supérieurs*; cette désignation ne convient qu'à ceux du commerce et des manufactures; pour le troisième, c'est un mensonge.

Il ne serait pas nécessaire de créer un grand nombre de chambres consultatives, pour recueillir les avantages que doit procurer cette institution : ainsi, il pourrait y en avoir deux pour cette partie de la France où croît l'olivier; une pour les départemens de la Bretagne; une autre pour ceux de la Normandie; une ou deux pour les départemens du Nord, dont les habitans se livrent tour à tour aux travaux agricoles et aux travaux industriels, etc., etc. Citons un fait récent pour faire apprécier quelle serait l'utilité d'une telle création.

Les trois conseils généraux de l'agriculture, du commerce et des manufactures, viennent d'être consultés sur l'opportunité de la réduction du droit de 50 fr. par

tête de bêtes à cornes (1), que l'on introduit en France,
et sur les moyens les plus propres à augmenter la consommation de la viande, et à diminuer le prix auquel
on la vend dans les grandes villes. Ces conseils, et
même celui d'agriculture, ont émis l'opinion qu'il faudrait diminuer ce droit, se fondant sur ce que les producteurs français de bestiaux gras, avaient élevé successivement le prix de leurs bestiaux; sur ce que le
nombre des bestiaux gras, livrés à la consommation,
avait diminué au lieu d'augmenter en raison de l'accroissement de la population; enfin, sur ce que la race
des bestiaux, loin de se perfectionner, tendait à dégénérer. Eh bien! un propriétaire cultivateur, M. H.
de Kergorlay, prouve que toutes ces assertions sont
erronées, et qu'il est arrivé précisément tout le contraire.

Le prix de la viande a diminué depuis 1822, non
pour le consommateur parisien, à cause de l'augmen-
tation du droit de l'octroi et du monopole qui existe en
faveur des bouchers de Paris; mais les bœufs gras sont
moins chers actuellement qu'ils ne l'étaient alors; le
nombre des bestiaux livrés à la consommation a pro-
digieusement augmenté; enfin la race des bestiaux,
loin de dégénérer, s'est améliorée. M. de Kergorlay
aurait pu ajouter, pour faire apprécier la situation
des propriétaires d'herbages et de leurs fermiers, que
les fermes d'herbages se louent généralement moins
cher aujourd'hui qu'il y a quarante ans, et que les
fermiers sont loin d'y faire d'aussi bonnes affaires;
c'est tout le contraire pour les autres biens ruraux

(1) Loi des douanes de 1822.

qui ont en outre l'avantage d'être plus recherchés, et par conséquent de se vendre mieux et à des prix plus élevés.

Depuis, l'*Association Normande*, dans une séance qu'elle a tenue à Bayeux le 31 mars 1838, a constaté : « Que l'espèce est incontestablement plus belle qu'au- » trefois, et qu'il y aurait *ignorance complète des faits*, » *ou insigne mauvaise foi* à admettre une assertion con- » traire; que le prix de la viande n'a pas varié depuis » vingt ans dans les campagnes, et que si elle se vend » beaucoup plus cher dans les villes, cela résulte des » droits d'octroi; qu'on ne saurait abaisser le droit de » 50 fr. par tête, pour l'introduction des bêtes à cornes » étrangères, sans causer les plus grands dommages » aux agriculteurs qui se livrent à l'engraissement des » bestiaux. »

Il est permis de penser que si le conseil général de l'agriculture avait été une délégation des chambres con-sultatives d'agriculture, ayant dans son sein des man-dataires des quarante départemens où l'on se livre à l'engraissement des bestiaux, il aurait émis, sur cette question, la même opinion que M. de Kergorlay et que l'Association Normande.

En attendant que la commission, chargée de prépa-rer un code rural, ait terminé son travail, les cham-bres, convaincues sans doute qu'il est très-incertain que cela arrive jamais, s'occupent à fabriquer des lois sur des matières qui devront être encadrées dans ce code : telle est, par exemple, une loi sur la vaine pâ-ture, c'est-à-dire sur la question la plus difficile à trai-ter de tout le code rural, après celle qui est relative aux cours d'eau et à l'emploi des eaux, que l'on devrait traiter dans un code à part (1), ainsi que l'on a fait pour les bois.

Les chambres ne sauraient faire une bonne loi sur la vaine pâture, si l'on ne met sous leurs yeux une enquête faite par des hommes spéciaux, qui se seront mis au courant de toutes les circonstances particulières que l'on remarque en France relativement à la vaine pâture, et elles sont nombreuses. C'est ce dont on peut

(1) Il serait on ne peut plus utile de s'occuper d'un code des eaux, puisque cette matière est régie de la manière la plus incohérente par des usages locaux, des arrêtés particuliers de préfets et de ministres, des ordonnances royales enfin, dites d'*administration publique*, qui ne peuvent être contrôlées ni par les tribunaux judiciaires, ni même par les tribunaux administratifs.

Voici un fait qui se passe sous mes yeux : le gouvernement a rendu, le 31 juillet 1833, une ordonnance portant réglement pour l'usage des eaux de l'Iton, petite rivière du département de l'Eure. Cette ordonnance crée une commission syndicale, qu'elle investit d'un pouvoir arbitraire exorbitant; et par le fait même de la composition de cette commission les usiniers y sont en majorité; elle crée et met sous les ordres de la commission syndicale des gardes-rivière soldés au moyen de la perception d'un impôt illégal; si cette ordonnance était exécutée, une partie des prairies de la vallée de l'Iton que j'habite, serait frappée de stérilité. Nul doute que toutes les formalités légales auront été remplies; mais il n'en est pas moins vrai que la plupart des propriétaires de prairies, et moi tout le premier, n'avons eu connaissance de cette ordonnance que lorsqu'on a voulu la mettre à exécution. Les propriétaires de prairies ont alors attaqué l'ordonnance, et l'on n'a osé continuer à prélever l'impôt destiné à solder les gardes-rivière. Mais comme en matière de réforme d'ordonnance, on ne peut en appeler du ministre mal informé qu'au ministre mieux informé, il est à craindre que l'administration qui juge l'administration, ne juge pas convenable que l'administration se soit trompée.

se convaincre en se donnant la peine de lire le remarquable projet de pétition (1) des propriétaires, fermiers, pâtres et gardiens d'Arles, cultivateurs ou possesseurs de la presque totalité du Delta du Rhône et de plus de deux cent mille têtes de gros ou menu bétail. Ces propriétaires se voyant menacés d'une ruine inévitable, par la proposition de M. de Magnoncourt sur la vaine pâture, demandaient le rejet des dispositions du projet de loi qui leur étaient appliquables, ou du moins l'ajournement jusqu'à ce que la question eût été éclairée par une enquête générale, sérieuse et approfondie. Je pourrais citer, en plus grand nombre, d'autres opinions, ou, pour m'exprimer plus correctement, d'autres intérêts diamétralement opposés à ceux des propriétaires d'Arles; car, en agriculture ainsi qu'à la guerre, à part quelques principes généraux, il n'y a rien d'absolu; aussi est-ce une prétention monstrueuse, et qui peut amener les plus funestes résultats, que de vouloir, sur de telles matières, réglementer uniformément toute la France par des lois, des ordonnances ou des décisions ministérielles émanées de Paris.

(1) Ce projet de pétition a été inséré dans plusieurs recueils; je l'ai lu dans le *Moniteur de la Propriété et de l'Agriculture*. On trouve, dans le même journal, un article de M. Michel de Truchet, président honoraire de la Société d'Agriculture d'Arles, sur la question du *parcours et de la vaine pâture*. M. de Truchet parle des intérêts des propriétaires de cette ville, à ce sujet, de la même manière que le projet de pétition que je viens de citer; et il prouve que cette question est une question de département ou plutôt de commune, et qu'il y aurait absurdité à vouloir la résoudre par une loi générale : cela ne fait pas l'ombre d'un doute pour les personnes qui ont porté leurs méditations sur cette matière.

Voici un nouvel exemple qui présente une complète analogie avec le précédent, mais avec cette différence que dans celui-ci on est probablement en train de faire mal, tandis que dans celui-là le mal est fait, ou du moins on n'a pas atteint le but que l'on se proposait d'atteindre.

Il semblerait qu'on s'est principalement proposé dans la rédaction du code de procédure, d'accabler de frais les malheureux plaideurs qui sont contraints d'avoir recours à justice, et de donner aux avoués, qui seraient peu délicats, la facilité d'exploiter vigoureusement leurs cliens. Aussi depuis vingt-trois ans que nous jouissons de la paix, ne cesse-t-on de demander la réforme de ce code ; mais qui sait s'il sera jamais réformé ? En attendant, on vient de refaire la loi sur les justices de paix qui en fait partie. Eh bien ! cette nouvelle loi devra nécessairement encore être revisée, quand on s'occupera enfin du code de procédure ; car, considérée dans son ensemble, il est douteux qu'elle soit meilleure que celle qu'elle remplace, et il est incontestable qu'on n'a point réformé, dans cette dernière loi, les dispositions qui étaient les plus nuisibles aux propriétaires fonciers et aux agriculteurs qui composent la plus grande partie de la clientelle des tribunaux de justice de paix.

Ainsi il est évident qu'il aurait fallu réformer la législation sur les actions possessoires qui ont trait à des anticipations de terrain ; les juges de paix devraient décider sans appel, lorsque les contestations sont relatives à la possession de terrains de peu d'étendue et de peu de valeur. Telles sont, par exemple, presque toutes les contestations pour des empiétemens sur des haies vives ou au moyen de haies vives servant de limites, et celles qui résultent d'anticipations par les labours. On aurait ainsi anéanti la principale cause des procès entre les propriétaires ruraux, c'est-à-dire peut-être quatre-vingt-dix-neuf procès sur cent, et fermé l'une des sources les plus désastreuses de chicane; en effet, une contestation pour un objet de quelques francs peut faire actuellement dépenser aux plaideurs quatre mille fois plus que ne vaut l'objet en litige.

Pourquoi n'avoir pas rendu les juges de paix compétens pour connaître des actions en partage et licitation, chaque fois que les immeubles ne dépassent point 2,000 fr.; puisque ordinairement, s'il y a des dettes, les frais absorbent tout, et que les héritiers et les créanciers se trouvent frustrés ?

Il en est de même pour les frais d'expropriation forcée : je ne conseillerais point de prêter 1,000 fr. à un propriétaire qui n'aurait que pour 4,000 fr. d'immeubles. Comment, avec une telle législation, un petit propriétaire trouverait-il à emprunter à d'autres qu'à des usuriers ? Cette législation est spoliatrice et barbare !

Il ne fallait point laisser aux plaideurs la liberté de prendre la *voie civile* ou la *voie criminelle*, quand il est question d'injures, rixes ou voies de fait; mais il fallait étendre convenablement, à cet égard, la compétence des juges de paix; car ces sortes de délits résultent ordinairement de querelles de commères ou de cabaret.

Si l'on eût consulté des juges de paix, je ne dirai point choisis parmi les plus habiles, mais pris au hasard, ils auraient donné ces renseignemens.

Il y a en France un petit nombre de personnes, habitant presque toutes la capitale, qui jouissent en quelque sorte du droit d'être consultées sur ce qui concerne les intérêts des agriculteurs et de l'agriculture; je ne conteste assurément point leur mérite, mais ce n'est pas de cela qu'il s'agit. Les agriculteurs ont le droit, comme les industriels et les manufacturiers, d'avoir des mandataires de leur choix, chargés d'éclairer le pouvoir sur leurs intérêts; et les habitués de la capitale peuvent bien n'être pas toujours parfaitement au courant de ce qui peut les intéresser. Les hommes qui se succèdent au pouvoir semblent être persuadés qu'il ne saurait y avoir quelque homme éloigné du centre des lumières, quelque habitant des champs qui ne soit rien que cultivateur, et qu'il soit pourtant utile de consulter.

Si Olivier de Serres habitait encore ce modeste manoir de Pradel où le bon roi Henri lui écrivait, on ne le consulterait point, même sur les intérêts agricoles de son arrondissement; car les renseignemens ne doivent arriver au pouvoir que par l'administration ou par la députation, qui ne consulteraient M. Olivier de Serres que si elles le jugeaient convenable.

J'ai la conviction que les agriculteurs obtiendront enfin des mandataires de leur choix, et qu'ils sortiront de l'état d'ilotisme où ils sont tombés; mais il y a beaucoup d'intérêts et d'amours propres engagés à soutenir le *statu quo.*

La création de chambres consultatives d'agriculture porterait tout d'abord un coup sensible à ce ridicule et funeste état de choses, et l'on verrait peu à peu les hommes qui n'ont que des connaissances *spéciales*, remplacer les hommes à connaissances *générales*, qui sont devenus si communs, depuis l'introduction du gouvernement prétendu représentatif.

Il est digne de remarque qu'en ce qui concerne la guerre et l'armée, il n'y a, comme pour l'agriculture, que les hommes qui se trouvent dans une position déterminée qui soient en possession d'être consultés; ce sont ceux qui portent des habits brodés, c'est-à-dire les généraux et les membres du corps de l'intendance.

Je me rappelle qu'à une certaine époque de la Restauration, on comptait près du ministre de la guerre, une vingtaine de commissions chargées de travaux spéciaux, et composées toutes de généraux. Je n'hésite point à émettre l'opinion que les généraux, quelle que soit la distinction avec laquelle ils aient commandé des troupes, sont généralement peu propres à ce génre de travail; car, s'ils ont des idées arrêtées sur toutes les parties importantes qui concernent leur arme, il y en a bien peu qui n'aient perdu de vue les détails et qui ne soient ennemis des innovations, parce qu'elles les obligent à apprendre et à oublier, ce qui déplaît et est pénible à un certain âge. On devrait placer dans les commissions les hommes les plus capables, indépendamment du grade, ainsi que cela se pratique dans d'autres pays, en se contentant de faire présider ces commissions par des officiers généraux. Si l'on avait composé ainsi une commission avec les officiers qui avaient acquis le plus de connaissances des lois militaires, parce qu'ils avaient siégé long-temps dans des conseils de guerre, ou parce qu'ils avaient rempli des fonctions de rapporteur près de ces conseils, et qu'on eût chargé cette commission de s'occuper uniquement et sans relâche de faire un projet de code pénal militaire, non seulement il y a long-temps que ce travail serait terminé, mais il offrirait le degré de perfection que l'on peut espérer d'atteindre.

Lorsqu'il apparaît des hommes d'une aptitude extraordinaire pour certaines spécialités, il est de l'intérêt et même du devoir des gouvernemens de s'en emparer pour les utiliser. En France, lorsque de tels hommes ne sont pas au nombre de ceux auxquels leur position donne le droit d'être consultés ou employés, ils sont impitoyablement repoussés, pour leur apprendre à se mêler de ce qui ne les regarde point.

La centralisation est le lien au moyen duquel les diverses parties d'un grand état ne forment qu'un seul faisceau ; mais en France, dans l'intérêt de la domination des coteries, on a exagéré ce principe de manière à atteindre à l'absurde. Cet état de choses, maintenu par l'arbitraire légal, est particulièrement favorable aux intrigans qui font partie des coteries ou qui se traînent à leur suite ; ils se cantonnent dans Paris (1) pour exploiter la France et pour avoir part à la curée. Il en résulte l'immense inconvénient que les provinces sont frappées de paralysie, et qu'en s'emparant de la capitale on prend possession de la France entière, ainsi qu'il est arrivé quatre fois en seize ans (2).

On peut espérer de voir atténuer cet énorme abus, car les yeux des propriétaires du sol, auxquels il est surtout préjudiciable, sont enfin ouverts ; mais ils ne sont représentés à la chambre des députés que par une imperceptible minorité : le seul remède efficace serait de diviser la France en provinces qui auraient leurs

(1)   Paris n'est maintenant qu'une sentine impure,
          Un égout sordide et boueux.
                              (A. BARBIER, Iambe II.)

(2) De 1814 à 1830.

états provinciaux. A cette proposition, j'entends les in-
téressés au maintien de la centralisation, dans toute son
intégrité, s'écrier que je propose le démembrement de
la France ; je leur réponds par un fait : la Prusse, contre
laquelle on a tant déclamé, que l'on qualifie d'état des-
potique, est divisée en huit provinces qui ont leurs états
provinciaux ; votre genre de centralisation qui semblerait ne convenir qu'aux états despotiques, y est inconnu,
et l'on peut s'emparer de Berlin sans que le gouvernement tombe en dissolution.

Si cet écrit, qui a été composé à la campagne, au
milieu des travaux des champs, contribue à éclairer les
propriétaires ruraux et les agriculteurs sur l'infériorité
de leur situation, depuis l'introduction en France du
prétendu gouvernement représentatif ; sur les vices de
ce gouvernement ; sur la nécessité d'obtenir qu'il leur
soit enfin accordé des mandataires de leur choix, pour
la défense de leurs intérêts, j'aurai rempli mon but.

9 782019 653255